AF375606

IL PRINCIPIO DI PETER

INFORMAZIONI CHIAVE

- **Nome:** il Principio di Peter.

- **Utilizzi:** gestione delle risorse umane e delle prestazioni, sviluppo del potenziale umano.

- **Perché ha successo?** Il suo successo è incerto perché dipende dagli individui e dalle organizzazioni.

- **Parole chiave:**

  - <u>Competenza</u>: conoscenze e know-how necessari per ottenere la massima efficienza in una determinata posizione.

  - <u>Efficienza</u>: sinonimo di eccellenza, la capacità di un dipendente di svolgere determinati compiti con risorse limitate (tempo, denaro, ecc.).

  - <u>Gerarchia</u>: struttura di autorità all'interno di un'organizzazione.

  - <u>Promozione</u>: nomina di un lavoratore ad un livello superiore all'interno di un'organizzazione.

INTRODUZIONE

Quando si considera il Principio di Peter, è particolarmente importante rendersi conto che questo modello, sebbene illuminante in molte situazioni, proviene da un libro satirico e, pertanto, deve essere usato con cautela per stabilire fatti scientifici. Nel contesto di gerarchie sempre più forti all'interno delle organizzazioni, c'è la questione della promozione interna. La competenza di un dipendente deve essere il criterio dominante per determinare l'ascesa gerarchica? Come si può misurare questo livello di competenza? Un dipendente efficiente è necessariamente un buon organizzatore?

 ## DEFINIZIONE DEL MODELLO

Il Principio di Peter afferma che se un dipendente lavora in modo efficiente a un determinato livello gerarchico, sarà promosso al livello superiore e così via, fino a raggiungere il livello in cui è inefficiente. Se non può essere retrocesso, significa che tutte le strutture si evolvono naturalmente verso un equilibrio di maggiore inefficienza.

Sebbene a prima vista il principio possa sembrare assurdo, esso solleva alcune questioni relative alla gestione delle risorse umane. Chi dovrebbe essere promosso per il bene dell'individuo e dell'azienda? E a quali condizioni si dovrebbe procedere per aumentare l'efficienza complessiva?

TEORIA

 **Laurence Johnson Peter**
(educatore e psicologo canadese, 1919-1990)

Dopo essersi laureato nel 1958 al Western Washington State College, Laurence J. Peter, originario di Vancouver, è diventato rapidamente insegnante, proseguendo al contempo gli studi di psicologia e scienze dell'educazione, nei quali ha conseguito il dottorato nel 1963. In seguito, nel 1966, ha diretto il Centro Evelyn Frieden e ha svolto il ruolo di consulente per i programmi in difficoltà presso la University of Southern California.

Il suo primo libro, *Prescriptive Teaching*, fu pubblicato nel 1965, ma fu solo con la pubblicazione di *The Peter Principle* (1969), scritto in collaborazione con Raymond Hull (scrittore canadese, 1919-1985), che divenne noto.

LE IPOTESI DEL PRINCIPIO DI PETER

Il Principio di Peter, come tutti i modelli economici, si basa su ipotesi che è utile approfondire. Se consideriamo solo le più importanti, queste includono (ma non si limitano a):

- La struttura gerarchica di un'azienda ha naturalmente la forma di una piramide. Questa visione semplificata mostra i livelli gerarchici rigorosamente definiti: i lavoratori di base sono guidati da pochi dirigenti, che a loro volta sono gestiti da un numero ancora minore di dirigenti superiori e così via.

- Le posizioni lavorative sono rigide e prevedono compiti prestabiliti: il lavoratore assegnato a una posizione svolge un certo numero di compiti. Se non riesce a svolgere il lavoro previsto, semplicemente non lo farà. Se riesce, non gli verranno assegnati altri compiti. A questo proposito, tuttavia, si noti che queste descrizioni strutturali risalgono a una certa epoca e che oggi le aziende sono organizzazioni molto più flessibili che lavorano, ad esempio, a progetto o in rete.

- L'ipotesi più forte e controversa è quella che il libro definisce "ipotesi di Peter". Il livello di competenza richiesto per una posizione gerarchica superiore è completamente indipendente dalla competenza richiesta per una posizione gerarchicamente inferiore. Se un dipendente è il più adatto per una posizione e viene promosso a un livello superiore, il suo livello di competenza dopo la promozione è del tutto imprevedibile.

Secondo Jean-Paul Delahaye (informatico e matematico francese, nato nel 1952), se accettiamo queste ipotesi semplicistiche, stiamo logicamente assumendo che tutte le promozioni hanno la tendenza a ridurre le prestazioni di un dipendente a causa di due effetti:

- **L'effetto "ratchet":** è impossibile retrocedere, perché un dipendente non può essere retrocesso. Se è competitivo, continuerà a salire la scala e non rimarrà in una posizione in cui è efficiente. Il movimento continuerà effettivamente fino a quando non raggiungerà un livello troppo alto, in cui non sarà più efficiente. Il dipendente è quindi bloccato a questo livello e non può essere retrocesso né continuare a salire.

- **L'effetto statistico del regresso verso la media (del principio della distribuzione statistica):** durante un evento casuale e "normale", la probabilità di ottenere un risultato vicino alla media è maggiore rispetto a quella di ottenere un risultato molto alto o molto basso. Così, l'azienda che ha la fortuna di poter contare su un dipendente con competenze ben superiori alla media e decide di cambiare la sua posizione, determina ancora una volta la competenza del dipendente con buone probabilità di ottenere un risultato medio.

Dietro le ipotesi del Principio di Peter si nasconde una scomoda verità: con il passare del tempo, ogni posizione ha sempre più probabilità di essere occupata da un dipendente incompetente, mentre più una posizione è in alto nella gerarchia, più è importante per la performance complessiva della struttura. Questo non significa che la base della piramide sia meno essenziale del vertice per il buon funzionamento dell'azienda, anzi è proprio il contrario. In parole povere, se accettiamo la struttura piramidale e diamo la stessa importanza ad ogni livello, una posizione ha più importanza per la performance complessiva quando ci sono meno posizioni all'interno di quel livello. Ad dd, se ci sono due manager per cinque dipendenti, la competenza individuale del manager rappresenta il 50% della performance del suo livello gerarchico, mentre la performance individuale di ciascun dipendente rappresenta solo il 20%.

Nelle ipotesi del Principio di Peter, e in particolare in quella dell'effetto cricchetto, sembra chiaro che "ogni dipendente tende a salire al suo livello di incompetenza", per cui l'equilibrio naturale di una struttura è che ogni posizione è occupata da qualcuno che non può sopportarne le responsabilità.

I DIPENDENTI INCOMPETENTI

Questo principio è stato concepito da Laurence J. Peter come parte di una scienza completa delle organizzazioni che ha chiamato "gerarchiologia".

In questo modo cerca di fornire applicazioni concrete e di confrontare il suo modello con la realtà delle organizzazioni che ha osservato. Naturalmente, l'autore nota delle eccezioni al principio. Ad esempio, non sempre vengono promossi i più competenti. Evidenzia diversi casi in cui vengono promossi dipendenti incompetenti e ne spiega il motivo.

- **Potente sublimazione o pseudo-sviluppo:** questa strategia, che promuove un dipendente incompetente a un livello superiore, serve soprattutto a mantenere la speranza di tutti gli altri che credono di poter essere promossi un giorno. Questo è pericoloso perché è solo un'illusione per le persone che non fanno parte della gerarchia.

- **Arabesco laterale:** promuove un dipendente incompetente a una nuova posizione inutile con un titolo più grande per limitare i danni che potrebbe causare nella sua posizione attuale.

- **Inversione di Peter:** in questo caso, la promozione di un dipendente incompetente è dovuta alla sua conformità rispetto agli standard imposti dalla gerarchia piuttosto che alla sua efficienza. L'effetto finale e i mezzi sono invertiti, questo perché gli standard esistono per aumentare la produttività e danno valore alla conformità rispetto agli standard anziché alla produttività.

- **Defoliazione gerarchica:** per evitare che i lavoratori percepiscano l'assurdità del sistema e decidano di non rispettarlo, l'azienda favorisce la promozione di un dipendente incompetente.

SEGNI DELL'ULTIMA POSIZIONE

Secondo Peter, i segni di incompetenza, o i segni che nascondono l'incompetenza agli altri e a se stessi, sono facili da individuare. Questi sono chiamati "segni dell'ultima posizione": tuttavia, danno l'illusione della realizzazione professionale.

- **La "Classophilia":** dal greco "classis" (che significa "categoria" o "classe"), si tratta di un'inutile ossessione per la classificazione per dare (a se stessi) l'illusione di svolgere un lavoro importante.

- **Gigantismo tabulare:** si riferisce all'impiegato incompetente che vuole l'ufficio più grande.

- **Papiromania:** dal greco "papyros" ("carta") e dal latino "mania" ("follia" o "ossessione"), è il segno di un dipendente incompetente che accumula scartoffie – da cui l'apparente disordine – sulla propria scrivania per dare l'impressione di essere estremamente occupato.

- **Papirofobia:** dalle parole greche "papyros" ("carta") e "phobos" ("fobia"), è il segno di un dipendente incompetente che non tollera la presenza di carta nel proprio spazio di lavoro. Se l'ufficio è organizzato, i colleghi, i superiori e forse anche il dipendente stesso crederanno che il lavoro venga svolto in modo efficiente.

- **Fonofilia:** dalle parole greche "phone" ("voce") e "philos" ("amico"), è un segno di incompetenza che consiste nell'attribuire la colpa alla mancanza di contatti con colleghi e subordinati e nell'installare in ufficio più telefoni e registratori. Poiché l'idea è apparsa per la prima volta nel 1969, questo "segno" dovrebbe probabilmente essere riformulato sulla base delle tecnologie attuali.

- **Rigor Cartis:** di origine latina, indica un interesse ossessivo per grafici, diagrammi e tabelle che danno l'illusione di controllare le situazioni.

- **Siglomania iniziale:** dalle parole latine "sigla" (che significa "segni" o "abbreviazioni") e "mania" (che significa "pazzia" o "ossessione"), questo è un segno in cui il dipendente incompetente parlerà usando sigle e acronimi incomprensibili con il personale non esperto, per dare l'impressione di professionalità.

Complicherà le cose perché si compiace dell'importanza che questo gli conferisce.

- **Strutturofilia:** dal latino 'structure' ('disposizione', 'costruzione') e dal greco 'philos' ('amico'), si tratta di godere del lavoro in una certa struttura; l'impiegato incompetente che mostra segni di questo genere sarà ossessionato dall'ordine e dalla manutenzione dell'edificio in cui lavora, a scapito del piacere del lavoro stesso.

- **Sindrome da sbattimento:** il dipendente incompetente prende raramente decisioni e lascia attendere a lungo prima di elaborare le sue scelte.

- **Tabula abnorme:** dal latino "tabula" ("piatto" o "tavolo"), è un segno di incompetenza in cui il dipendente utilizza attrezzature d'ufficio insolite e strane.

Tuttavia, Peter qualifica le sue affermazioni spiegando che, fortunatamente per il funzionamento dei nostri modelli politici, sociali ed economici, tutte le posizioni in cima alla gerarchia non sono necessariamente occupate da dipendenti incompetenti. In effetti, in questa precisazione del principio, egli sottolinea il fatto che la struttura gerarchica di un'organizzazione è spesso troppo piccola perché tutte le persone competenti – anche se questo non è un difetto troppo grande, perché altrimenti soffrirebbero di defoliazione gerarchica – possano raggiungere il loro potenziale. Ciò nonostante, si noti che i superiori competenti vengono spesso cacciati da organizzazioni più grandi, dove possono ancora una volta fare carriera fino a raggiungere anch'essi il loro livello di incompetenza.

LIMITAZIONI ED ESTENSIONI

LIMITI E CRITICHE

I limiti del modello sono evidenti non appena si considerano le ipotesi su cui si basa.

- Attualmente, un'organizzazione spesso non è così semplice come la struttura piramidale descritta da Peter. Il più delle volte, un dipendente che coordina altri non è stato promosso. I vari reparti sono su un piano di parità, almeno in teoria. Il decentramento e la responsabilizzazione sono incoraggiati e si tende a ridurre la gerarchia verticale. Questo fenomeno è chiamato "appiattimento delle piramidi". Forse si tratta proprio di uno dei modi contemporanei per evitare gli effetti del Principio di Peter, che derivano da un'epoca in cui la gerarchia era più rigida?

- Una posizione non è più congelata. Se un dipendente incompetente viene nominato per una posizione e non se ne assume le responsabilità, è probabile che molte delle funzioni vengano progressivamente assegnate a un altro lavoratore.

- Anche la questione della motivazione è problematica, poiché alcune competenze dimostrate dal lavoratore possono derivare da essa. Infatti, il dipendente può essere efficiente in parte anche grazie alla motivazione. Se continua con questo entusiasmo, è probabile che acquisisca più facilmente le nuove competenze richieste per la nuova posizione, rendendolo più efficiente.

- Le realtà attuali del turnover sono impressionanti, poiché si stima che un giovane che entra nel mercato del lavoro cambierà probabilmente la sua funzione o la sua attività circa cinque volte.

- Infine, l'ipotesi di Peter certamente più discutibile è che la competenza dimostrata in una posizione sia intrinsecamente indipendente dalla competenza dimostrata in una posizione precedente. Altri ricercatori, come i fisici italiani Alessandro Pluchino e Andrea Rapisarda e il sociologo Cesare Garofalo, nel loro articolo: *The Peter Principle Revisited: A Computational Study*, offrono una prospettiva rivisitata del famoso principio affermando l'ipotesi opposta. La chiamano "ipotesi del senso comune": la competenza in una posizione superiore dipende dalla competenza dimostrata in una posizione inferiore e aumenta o diminuisce del 10% circa.

Anche i test empirici sull'incompetenza sviluppati da Peter possono essere inaffidabili. Infatti, i sintomi includono così tanti comportamenti diversi che non possiamo, come fanno alcuni, usarli come presunta prova del Principio di Peter. Se consideriamo il valore nominale di certe ipotesi, alla fine ci troveremo di fronte a situazioni come questa: la persona che ama troppo l'organizzazione o è troppo autoritaria è incompetente, ma anche la persona che non è abbastanza organizzata o non è autoritaria è incompetente. Se l'eccesso è sempre un male, la maggior parte dei presunti sintomi può essere originariamente percepita come qualità. Inoltre, è il motivo per cui un dipendente incompetente adotta questi atteggiamenti – ma all'estremo – per cercare di nascondere la propria incompetenza. In conclusione, il Principio di Peter non è verificabile e il tono satirico utilizzato nel suo lavoro suggerisce che non ha alcuna reale pretesa scientifica.

MODELLI ED ESTENSIONI CORRELATE

Il Principio di Peter fa parte di un insieme di "leggi" dello stesso tipo, di stile più o meno umoristico, che descrivono il mondo aziendale con un certo cinismo e il cui rigore scientifico non è la sua principale preoccupazione. Tuttavia, alcune di esse evidenziano le realtà impegnative con cui la maggior parte delle organizzazioni deve efficacemente confrontarsi.

Legge di Parkinson

Tra queste, in particolare, c'è la Legge di Parkinson (1955), dello storico britannico Cyril Northcote Parkinson (1909-1993), che afferma che il lavoro viene sempre distribuito in modo da riempire il tempo a disposizione della persona incaricata della mansione. Per estensione, possiamo immaginare che vengano utilizzate tutte le risorse disponibili per un progetto, siano esse tempo, denaro, manodopera, ecc. Alla base di questa legge ci sono due conseguenze:

- **Aumento dei subordinati.** Se un dipendente non riesce a portare a termine un progetto, ha solo due opzioni: può scaricare una parte del lavoro affidandolo a qualcuno che potrebbe diventare un potenziale rivale, oppure può chiedere il sostegno dei suoi subordinati. Nella maggior parte dei casi, si sceglie la seconda opzione, in primo luogo per proteggere la propria posizione e in secondo luogo per aumentare la propria importanza. Va notato che si assicurerà di avere diversi subordinati, in modo da dividere ogni compito. In questo modo, poiché nessuno di loro è in grado di svolgere l'intero compito, nessuno diventerà un potenziale rivale.

- **Aumento del carico di lavoro.** Che si tratti di colleghi o di subordinati, il fatto è che quando si lavora in più persone, il carico di lavoro aumenta. Spesso il tempo necessario per coordinare i compiti è pari a quello necessario per svolgere il lavoro. Dato che nel team c'è quasi sempre qualcuno che ha difficoltà a delegare e si assume maggiori responsabilità, alla fine il lavoro si aggiusterà da solo e corrisponderà a quello che una persona avrebbe potuto produrre da sola. In definitiva, per produrre lo stesso lavoro, come avrebbe fatto una sola persona, è necessario un intero team dedicato a questo compito e il tempo supplementare è stato speso per coordinare tutte queste persone.

Il Principio di Dilbert

Citiamo anche il Principio di Dilbert, derivato dall'omonimo fumetto di Scott Adams (fumettista americano, nato nel 1957). Secondo lui, i dipendenti incompetenti vengono immediatamente promossi e diventano

manager, anche se non hanno mai dimostrato partico-
lari capacità. Questo principio è ancora più radicale del
Principio di Peter, poiché presuppone che affidiamo
consapevolmente le funzioni di gestione a dipendenti
incompetenti, in modo che non possano causare danni.
Questo, ovviamente, presuppone che il management
sia sempre inutile.

Allo stesso modo, possiamo citare il detto popolare
secondo cui "chi sa, fa; chi non sa, insegna".

Anche se non possiamo chiamarli "modelli" in quanto
tali – perché non sono scientifici – questi principi mos-
trano una certa resistenza empirica alle prestazioni
teoriche dei modelli economici. Dovremmo rinunciare a
questi modelli – di cui conosciamo i limiti nella realtà –
e considerare di concedere promozioni a caso?

APPLICAZIONE PRATICA

I casi di studio in cui il Principio di Peter è all'opera sono numerosi e inesistenti allo stesso tempo. Sono numerosi, perché ognuno di noi riesce facilmente ad immaginare una situazione in cui viene promosso un dipendente incompetente, riconoscendo i segnali descritti da Peter tra i nostri colleghi o superiori. Quanto a dire che dimostrano effettivamente l'incompetenza, è un'altra questione. Misurare le prestazioni di un dipendente è piuttosto difficile, e la maggior parte dei responsabili delle risorse umane lo sa bene. Allo stesso modo, i dipendenti tendono spesso a ritenere incompetenti i loro superiori, perché è più facile criticare gli altri che assumersi le proprie responsabilità. Nella maggior parte dei casi, la letteratura presenta casi in cui si sostiene l'incompetenza, ma questi derivano poco più che dall'immaginazione dei sostenitori del Principio di Peter. In questo senso, gli esempi di casi reali sono inesistenti.

STUDIO DI CATANIA

Invece di raccontare aneddoti, Alessandro Pluchino, Andrea Rapisarda e Cesare Garofalo, nel loro articolo *The Peter Principle Revisited: A Computational Study*, hanno preferito provare un modo diverso di affrontare il modello nella realtà. Hanno utilizzato una simulazione al computer dell'evoluzione della struttura piramidale variando le ipotesi di promozione. Il loro articolo ha rivelato risultati sorprendenti, che sono valsi loro un Ig Nobel per l'economia, una parodia del Premio Nobel che premia le ricerche più insolite. Tuttavia, il loro studio è comunque molto serio e la natura bizzarra dei risultati rafforza il pensiero e le ipotesi umoristiche sviluppate da Peter.

Definizione di organizzazione fittizia

Pertanto, hanno creato, su un programma informatico (utilizzando Netlogo, un linguaggio di programmazione specificamente progettato per la simulazione multi-agente favorevole a testare diversi aspetti della teoria dei giochi), un'organizzazione fittizia composta da sei livelli gerarchici (contenenti rispettivamente 81, 41, 21, 11, 5 e 1 agente). Ogni agente è caratterizzato da un'età compresa tra i 18 e i 60 anni e da un livello di abilità compreso tra 1 e 10.

All'inizio della simulazione, l'età e i livelli di competenza sono determinati in modo casuale sulla base della distribuzione statistica descritta in precedenza.

 ## DISTRIBUZIONE STATISTICA "NORMALE"

Una distribuzione statistica offre una forte probabilità di risultati vicini alla media – arbitrariamente impostata a 0 sul grafico – e una probabilità sempre più bassa man mano che si cerca di ottenere un risultato che si allontana dal vertice o dal fondo. Questa è considerata la forma di casualità che meglio descrive la realtà dei grandi campioni e, per definizione, troviamo molti più eventi medi che eventi eccezionali.

Simulazione

Una volta stabilita la situazione iniziale, la simulazione può iniziare. In ogni turno di gioco, l'età degli agenti aumenta. Ogni agente che raggiunge i 60 anni scompare e i vuoti vengono colmati promuovendo agenti dai livelli inferiori. I vuoti nel livello più basso vengono colmati aggiungendo nuovi agenti la cui età e abilità sono determinate in modo casuale.

Quando un agente cambia livello, cambia anche la sua competenza, secondo le due ipotesi testate:

- **L'ipotesi di Peter.** Il nuovo livello di competenza è completamente casuale.

- **L'ipotesi del buon senso.** Il nuovo livello di competenza presenta un aumento o una diminuzione massima del 10% rispetto al livello precedente.

In entrambi i casi, è necessario misurare la prestazione complessiva del sistema, che corrisponde alla prestazione media di tutti i livelli. Si noti che più un dipendente sale nella scala, più la sua performance individuale dovrebbe aumentare.

Naturalmente, la domanda che i ricercatori si pongono è la stessa che si pone ogni manager: chi dovrebbe essere promosso? Per ogni ipotesi, i ricercatori hanno testato tre tipi di promozione:

- promuovere il miglior dipendente;

- promuovere il dipendente più incompetente;

- promuovere un dipendente selezionato a caso.

Risultati

Molto rapidamente, le prestazioni del sistema hanno raggiunto un punto di equilibrio.

Secondo l'ipotesi del buon senso, non c'è alcuna sorpresa. Si ottiene un buon rendimento complessivo quando vengono promossi i migliori e un cattivo rendimento complessivo quando vengono promossi gli incompetenti. Una promozione casuale non ha un grande impatto sulla performance complessiva.

D'altra parte, se consideriamo l'ipotesi di Peter, una conclusione sorprendente – che è l›opposto di quella trovata dai ricercatori italiani vincitori dell'Ig Nobel – è chiara: dobbiamo promuovere i dipendenti incompetenti. Infatti, se si sposta un lavoratore scarso a un livello superiore, c'è una buona probabilità che venga sostituito da qualcuno migliore di lui, essendo la maggioranza degli agenti nella media. Inoltre, le prestazioni del lavoratore scarso saranno "rigiocate", sorteggiate di nuovo, attraverso la sua riassegnazione, con buone probabilità di ottenere ancora una volta un risultato medio. E se il risultato dovesse essere negativo, il lavoratore passerebbe comunque al turno successivo. La promozione dei dipendenti più incompetenti è quindi la logica conclusione dell'ipotesi di Peter. Poi, come nel caso dell'ipotesi del buon senso, il caso rimane neutrale. Per quanto riguarda la promozione dei dipendenti migliori, funziona esattamente come descritto da Peter: spinge tutti al loro livello di incompetenza, rendendo la performance complessiva difettosa.

Conclusione

Pertanto, o Peter ha ragione e possiamo solo consigliare ai manager di promuovere i dipendenti peggiori, oppure accettiamo che la competenza a un livello superiore è una semplice variazione della competenza a livelli inferiori e la promozione dei lavoratori migliori rimane la soluzione preferita.

CONSIGLI

Nel complesso, Peter affronta il problema in modo troppo statico e semplicistico. Perché la competenza per una determinata posizione dovrebbe essere considerata una costante? Se il sistema di gestione delle risorse umane in atto è efficace, le misure di performance regolamentari dovrebbero essere seguite da colloqui con i funzionari e dalla formazione del personale per aumentare l'efficienza del loro lavoro.

Naturalmente, ciò presenta diversi svantaggi:

- in primo luogo, abbiamo bisogno di indicatori di performance rilevanti per determinare la qualità del lavoro nel modo più oggettivo possibile. Nel caso di un venditore, sarebbe sufficiente, ad esempio, misurare il numero di potenziali clienti entrati nel negozio (sempre più negozi installano sensori a questo scopo), l'importo incassato dal venditore e il rapporto tra i due. Tuttavia, il calcolo della performance è più rischioso quando si tratta di misurare la qualità del lavoro prodotto da un dipendente pubblico o da un impiegato. Lo stesso Peter, parlando di incompetenza, dà l'impressione che essa si basi più su un sentimento diffuso che su indicatori specifici;

- in secondo luogo, un sistema di risorse umane efficace e la formazione sono più difficili da implementare e più costosi della semplice misurazione delle prestazioni dei dipendenti e della promozione diretta del dipendente giusto in base all'esperienza passata.

Che l'ipotesi di Peter sia vera o meno, i manager possono considerare la gerarchia in due modi opposti:

- se ogni funzione e le competenze ad essa collegate sono chiaramente definite, è molto più semplice implementare gli indicatori chiave di performance e valutare le prestazioni;

- se, al contrario, si lascia deliberatamente un po' di incertezza sui compiti che ogni dipendente deve svolgere, è molto più facile sollevare un lavoratore da alcuni dei compiti per i quali non è competente, ma questo ha un impatto considerevole sull'efficienza.

Inoltre, è possibile rendere i lavoratori più mobili rimuovendo l'effetto "ratchet". I licenziamenti sono più comuni di quanto Peter sembri credere.

Quando l'ipotesi di Peter non è valida

Se l'ipotesi di Peter non è verificata, il sistema di buon senso – che prevede la promozione dei lavoratori migliori – solitamente adottato dalle organizzazioni è pienamente efficiente. Ha il duplice vantaggio di motivare i dipendenti ad impegnarsi per ottenere prestazioni migliori nella speranza di ottenere una promozione, facendo risparmiare all'organizzazione il denaro per la formazione, in quanto essi stessi faranno ogni sforzo per acquisire il livello di competenze richiesto per la posizione superiore.

Quando l'ipotesi di Peter è vera

D'altra parte, è molto più problematico se l'ipotesi di Peter si rivela vera. Se i lavoratori più incompetenti vengono promossi, ciò deve essere fatto con discrezione per il rischio di demotivare i dipendenti che non lo sono stati. È inoltre necessario concentrarsi sugli incentivi finanziari e astenersi dall'utilizzare il sistema delle promozioni come premio.

Questo modo di considerare e assegnare le promozioni ha i suoi limiti, poiché genera costi significativi per l'organizzazione e non trova la persona più adatta alla posizione.

Infine, se l'ipotesi di Peter corrisponde alla realtà delle organizzazioni e l'effetto ratchet è fisso come egli crede, l'unica vera soluzione è sostenere i dipendenti nel modo più efficace possibile, misurando le competenze necessarie, motivandoli e formandoli. Questo costa all'organizzazione molto di più anche se l'unica competizione sperimentata tra i dipendenti li rendesse competenti a tutti i livelli della gerarchia.

SINTESI

- Il principio sviluppato da Laurence J. Peter e Raymond Hull compare in un'opera satirica intitolata *The Peter Principle* del 1969, un'epoca in cui le imprese, a fronte di un contesto stabile ed economicamente solido, puntavano alla crescita e allo sviluppo della propria struttura e quindi inevitabilmente si trovavano a gestire le promozioni.

- Il principio si basa sulla seguente ipotesi: tutte le organizzazioni promuovono dipendenti competenti fino a quando questi non raggiungono una posizione in cui non possono operare con competenza e da cui non possono essere rimossi; l'organizzazione si muove quindi verso un'incompetenza diffusa.

- Il contributo spetta soprattutto ai dirigenti, che devono sapere come gestire i movimenti del personale per migliorare le prestazioni complessive dell'organizzazione. A tal fine, devono garantire lo sviluppo delle competenze e dell'intelligenza collettiva, perché nessuno è perfetto, ma un team può esserlo.

- Le ipotesi del modello sono controverse, in particolare quella che sostiene che le competenze richieste per una nuova posizione non dipendono da quelle viste nella posizione precedente.

- Altre leggi, tra cui la legge di Parkinson sulla tendenza naturale delle organizzazioni a diventare inefficaci, vanno nella stessa direzione del Principio di Peter.

- Consigli:

  - se l'ipotesi di Peter non regge, affidatevi al buon senso e promuovete i dipendenti migliori;

  - se l'ipotesi di Peter è vera:

    - promuovete i dipendenti peggiori senza renderlo noto;

    - date incentivi finanziari senza cambiare il ruolo dei dipendenti;

    - osservate ogni dipendente individualmente e operate movimenti all'interno dello stesso livello gerarchico.

ULTERIORI LETTURE

BIBLIOGRAFIA

Blary, J-L. (1999) Il Principio di Peter. *Lettre d'ADELI.* Volume 36.

Delahaye, J-P. (2011) Il Principio di Peter. *Pour la science.* Volume 407, pp. 82-87.

Peter, L. J. e Hull, R. (2011) *Le Principe de Peter ou pourquoi tout va toujours mal.* [2ª edizione]. Parigi: Librairie Générale Française.

Pluchino, A., Rapisarda, A. e Garofalo, C. (2010) Il Principio di Peter rivisitato: Uno studio computazionale. *Physica A: Meccanica statistica e sue applicazioni.* 3(389), pp. 467-472. [Online]. [Consultato il 18 luglio 2014]. Disponibile da: < http://arxiv.org/pdf/0907.0455v3.pdf>

FONTI AGGIUNTIVE

Sito web di *Dilbert* di Scott Adams: http://www.dilbert.com/

Vogliamo sapere da voi!
Lasciate un commento sulla vostra biblioteca online
e condividete i vostri libri preferiti sui social media!

Master ISBN: 9782808064637
ISBN cartaceo: 9782808064927
Deposito legale: D/2022/12603/79

Design digitale: Primento,
il partner digitale degli editori.

IL PRINCIPIO DI PETER

Comprendete gli elementi essenziali del principio di Peter in soli 50 minuti con questo libro pratico e conciso. Il principio di Peter solleva importanti questioni relative alla competenza, all'efficienza e alla promozione interna: suggerisce che «ogni dipendente tende a salire al suo livello di incompetenza», il che significa che, più si sale nella gerarchia di un'azienda, più è probabile che le posizioni siano occupate da dipendenti incompetenti. Se questa ipotesi è corretta, ovviamente ha conseguenze importanti in termini di efficacia e produttività.

www.50minutes.com

L'ANALISI SWOT

Uno strumento fondamentale per lo sviluppo della strategia aziendale

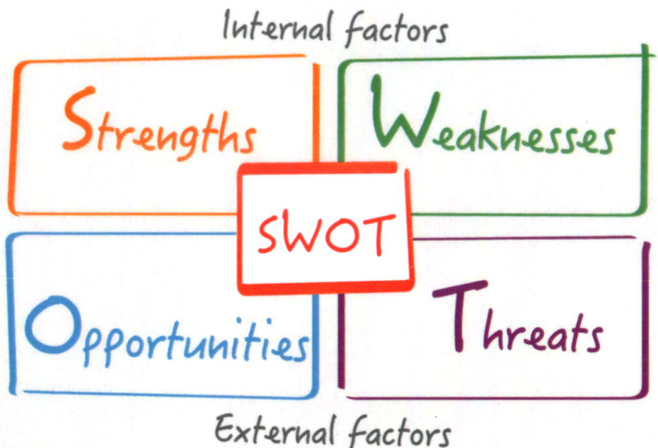

L'ANALISI SWOT

Uno strumento fondamentale per lo sviluppo della strategia aziendale

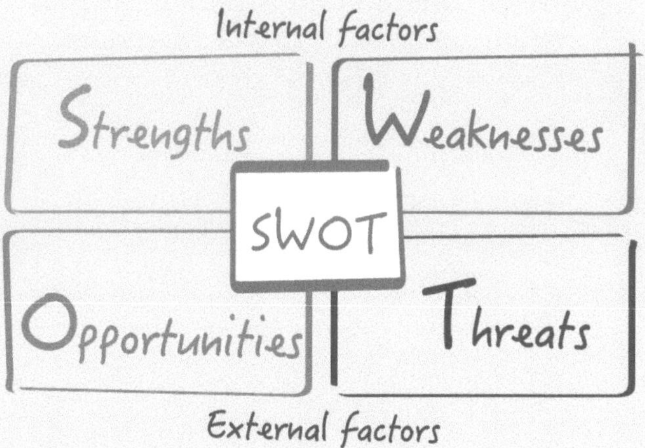

50MINUTES.com

L'ANALISI SWOT

Uno strumento fondamentale per lo sviluppo della strategia aziendale

scritto da Christophe Speth
tradotto par Sara Rossi

50MINUTES.com